RAGAZZE

FANTASTICHE

Favole e storie che ispirano la fiducia in se stessi, la consapevolezza, l'amicizia e la morale - Per bambini dai 6 anni in su - Includono pagine da colorare da stampare

Matilde Bellavanti

1. Edizione

©2021 Matilde Bellavanti

Tutti i diritti riservati

SOMMARIO

PREFAZIONE 5

I VIAGGI DEI NONNI.. 11

MAI DIMENTICARE LA TUA MIGLIORE AMICA 19

FAME D'AMORE 29

LA BAMBINA BLU 39

GUARDARE IL MONDO CON OCCHI DIVERSI....... 49

TI PIACEREBBE UN MONDO SENZA REGOLE? 59

SE PUOI SOGNARLO PUOI FARLO 67

CHI HA PAURA DELL'UOMO NERO? 77

IL CLUB DELLE FATINE 87

L'UNIONE FA LA FORZA...................................... 97

Epilogo 106

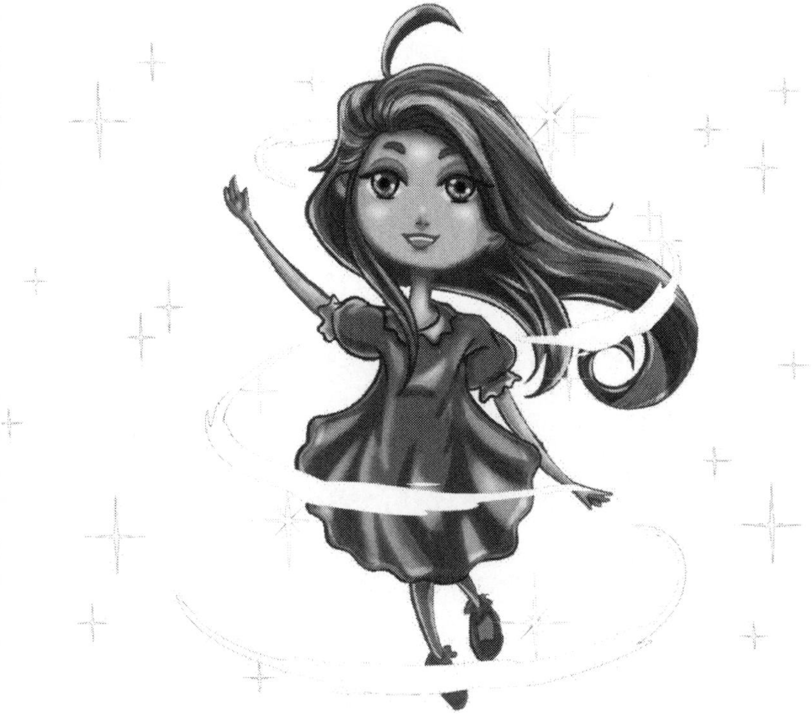

PREFAZIONE

Il mondo è di certo un posto magico da esplorare, e anche se a volte non ci credi, dentro di te ci sono già tutte le doti e tutte le qualità che ti occorrono per viverlo al meglio. Solo che a volte non lo sai, o magari non te lo ricordi, o forse qualcuno cerca di convincerti che non vali molto. Proprio come capita ai protagonisti di questo libro, in cui dieci bambine proprio come te si trovano davanti a sfide e misteri tutti da esplorare. C'è quella timida, quella paurosa, quella che sfida le regole e quella che non sa come affrontare le sue paure. Ad esempio di certo potresti pensarla come Enrica, che ha trovato il modo per visitare tutto il mondo stando ferma. O ancora, che penseresti sapendo che esiste una bambina tutta blu che riesce a dare colore alle cose? Hai mai sognato di diventare un asso in qualcosa, ma ti sei dovuta scontrare con chi ti diceva che queste cose non fanno per te? Magari hai un fratello più grande, o al contrario potresti avere una sorellina più piccola. Anche le bambine di questo libro hanno delle famiglie, vanno a scuola e si trovano a vivere situazioni che a volte sembrano troppo difficili. Come Barbara, che all'improvviso crede di aver perso la sua migliore amica, o Francesca, a cui la maestra ha dato un compito da svolgere, quello di parlare della cosa che le fa più paura. Sai qual è stato il loro segreto per farcela? Dare ascolto a quella vocina che ti dice che, nonostante tutto e tutti, la tua strada è quella giusta. Sì, perché dentro di te in fondo tu sai benissimo quello che vuoi, quello che ami, quello che cerchi di realizzare. Hai di certo un sogno, magari come Cristina che sogna di diventare una scienziata. o una paura come Carlotta, che teme sempre di ingrassare. Troppo spesso ti manca la fiducia in te stessa però. A volte poi ti manca anche qualcuno su cui contare, o forse questo è quello che credi. Intorno a te ci sono tante persone pronte ad aiutarti, persone che possono stupirti se solo provi a chiedere aiuto. Ecco che Enrica allora ti può ricordare quanto i tuoi nonni siano un vero tesoro. Allo stesso modo potresti scoprire di essere molto più simile a Sara di quanto credi, con la sua voglia di sfidare le regole. Cosa fare davanti al primo amore? Come ti dovresti comportare se hai a che fare con una banda di bulli? E qual è la strada giusta per realizzare i tuoi sogni? Scoprilo con queste storie, perché come dice Sara, una delle protagoniste di questo libro, 'se puoi sognarlo puoi davvero farlo'.

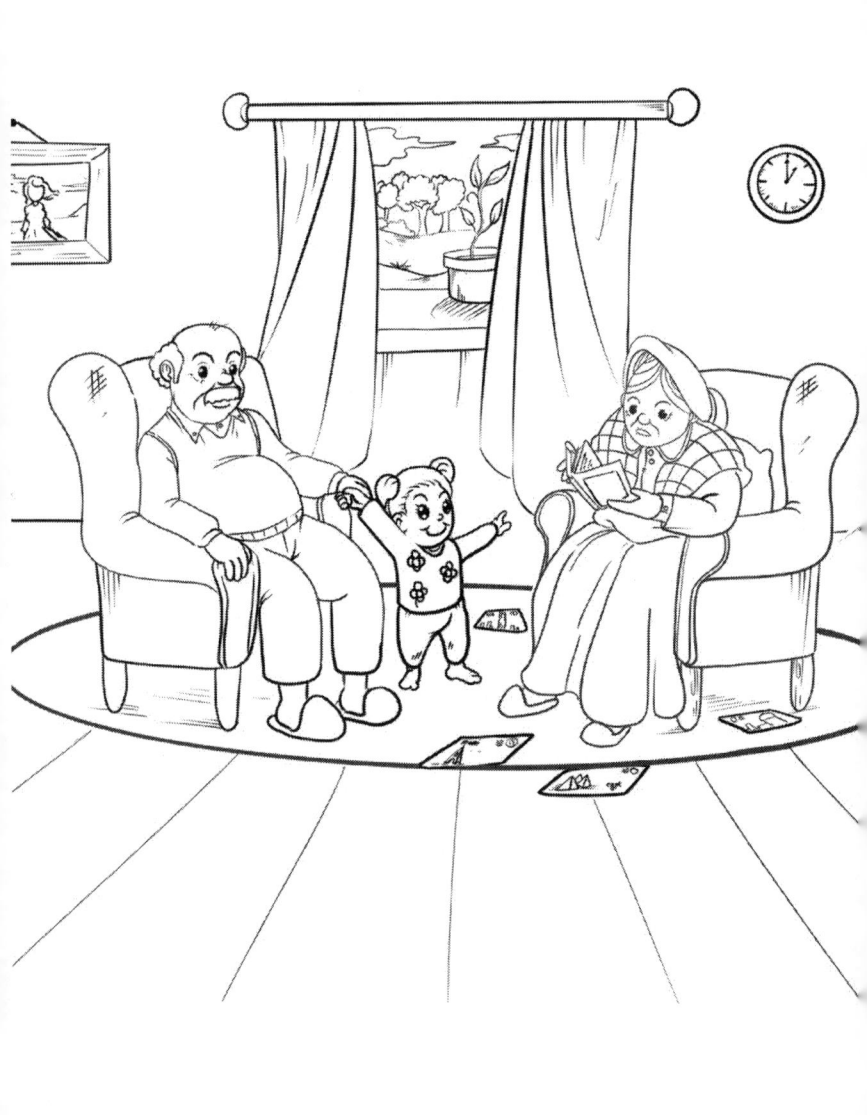

I VIAGGI DEI NONNI

C'era una volta una bambina di nome Enrica. Enrica viveva con la sua famiglia in una grande casa, ma era spesso sola. I suoi genitori erano sempre in viaggio per lavoro o si trattenevano fino a tarda sera in ufficio. Enrica sapeva che la sua mamma e il suo papà facevano un lavoro importante, perché erano avvocati. Se da un lato la bimba era orgogliosa dei suoi genitori, dall'altro era molto dispiaciuta del fatto che non potesse trascorrere più tempo con loro. Enrica aveva molte amichette che venivano a giocare con lei quando i suoi genitori non erano in casa. A prendersi cura di lei e a badare al fatto che non gli capitasse nulla, c'erano i suoi due nonni. Erano due simpatici e arzilli vecchietti, che si offrivano di farle compagnia per non lasciarla solo in casa. Nonno Piero e nonna Maria si offrivano sempre anche di giocare con lei, ma Enrica era sgarbata con loro, e si rifiutava. Diceva loro che preferiva giocare con le sue amichette piuttosto che con due vecchietti. 'Non potete correre, o saltare', diceva Enrica ai suoi nonni, 'perché dovrei voler giocare con voi?'. I nonni rimanevano sempre molto male ascoltando queste parole, ma continuavano a sorridere alla loro nipotina, e si prendevano cura di lei con amore, senza mai chiedere nulla in cambio. Nonostante Enrica avesse tante amiche, una casa grande e molti soldi, non era veramente felice, perché il suo sogno più segreto era quello di viaggiare per il mondo. Avrebbe tanto voluto partire con i suoi genitori in uno dei tanti viaggi che facevano, ma la sua mamma e il suo papà non l'avevano mai portata con loro. 'Enrica, tesoro', le avevano detto più volte, 'mamma e papà devono partire per un lavoro importante e non ti possono portare con loro. Saresti di intralcio e non potremmo passare il nostro tempo con te. Forse la prossima volta...', concludevano. Così Enrica, ogni volta che vedeva i suoi genitori prepararsi per un nuovo viaggio sperava sempre che la portassero con loro. 'Forse la prossima volta', era però la frase che si sentiva sempre ripetere. Il giorno del compleanno di Enrica, i suoi genitori le fecero il regalo più bello che potesse desiderare: le dissero che finalmente potevano fare un viaggio tutti insieme. Enrica era talmente felice che organizzò una festa con le sue amiche. I genitori non erano presenti, perché dovevano lavorare, ma Enrica era contenta lo stesso, perché sapeva che da lì a due giorni sarebbero partiti. A sorvegliare le bambine in casa durante la festicciola c'erano naturalmente nonno Piero e nonna Maria. Enrica fu sgarbata come sempre con loro, perché li costrinse a chiudersi nello studio del papà. Non voleva che le sue amiche li vedessero. Per Enrica i nonni erano solo delle persone vecchie, noiose e con cui non ci si poteva divertire. Purtroppo però, durante la festa, Enrica si arrampicò su un albero in giardino, e prima che i nonni potessero farla scendere, cadde malamente e si ruppe una gamba. Quanto pianse! Pianse per il dolore, pianse per la brutta figura davanti alle sue amiche, e pianse soprattutto perché il viaggio con i suoi genitori non si poteva più fare. Enrica giurò a se stessa che se non poteva partire quella volta con loro, non avrebbe mai più viaggiato e non avrebbe così potuto mai realizzare il suo sogno di vedere il mondo. I suoi genitori partirono, e la lasciarono a casa con i nonni e con una gamba ingessata. Enrica non era mai stata così triste in tutta la sua vita: non voleva mangiare e non voleva parlare con nessuno. Immaginate la sua sorpresa quando i suoi nonni entrarono nella sua cameretta vestiti da tirolesi! Sulle prime Enrica non capì cosa stesse succedendo e chiese loro di lasciarla in pace. 'Vedi Enrica', le disse a quel punto la nonna, 'visto che tu non puoi andare da nessuna parte ma sogni di vedere il mondo, io e il nonno abbiamo pensato di portare il mondo da te!'. Mentre nonno Piero montava uno schermo bianco e tirava fuori la sua vecchia cinepresa per le diapositive, nonna Maria si accomodò sul letto accanto a Enrica e cominciò a raccontarle del viaggio che avevano fatto in Austria. Mentre il nonno, vestito di tutto punto, faceva scorrere le diapositive, la nonna commentava la foto e raccontava a Enrica cosa avevano visto e cosa avevano mangiato in quei posti. Sulle prime Enrica si mostrava indifferente e scontrosa, ma quando il nonno cominciò a raccontare delle buffe storie su quel viaggio, cominciò a ridere di cuore. Fu poi la volta del viaggio in Egitto, e i nonni si cambiarono indossando un vestito tipico del deserto che avevano comprato quando si erano recati in Africa. Continuarono poi con i loro fantastici viaggi in India e in America, mostrando a Enrica ogni volta dei vestiti, delle foto e dei ricordi diversi. Enrica passò dei giorni meravigliosi con loro, e quando i suoi genitori tornarono dal loro viaggio e le chiesero cosa avesse fatto, Enrica guardando con amore i suoi nonni esclamò: 'Ho visto tutto il mondo!'. Da quel giorno Enrica non si separò mai dai suoi nonni, che continuarono a raccontarle dei tanti viaggi che avevano fatto, e capì che i nonni sono il tesoro più prezioso che esista al mondo.

Morale:

La morale di questa favola è che i bambini possono attingere dai nonni per imparare com'è fatto il mondo, e capire che i nonni rappresentano il più grande tesoro dell'umanità, e che il loro amore per i nipoti è grande e incondizionato. Inoltre, insegna ai bambini che con la fantasia si può andare ovunque.

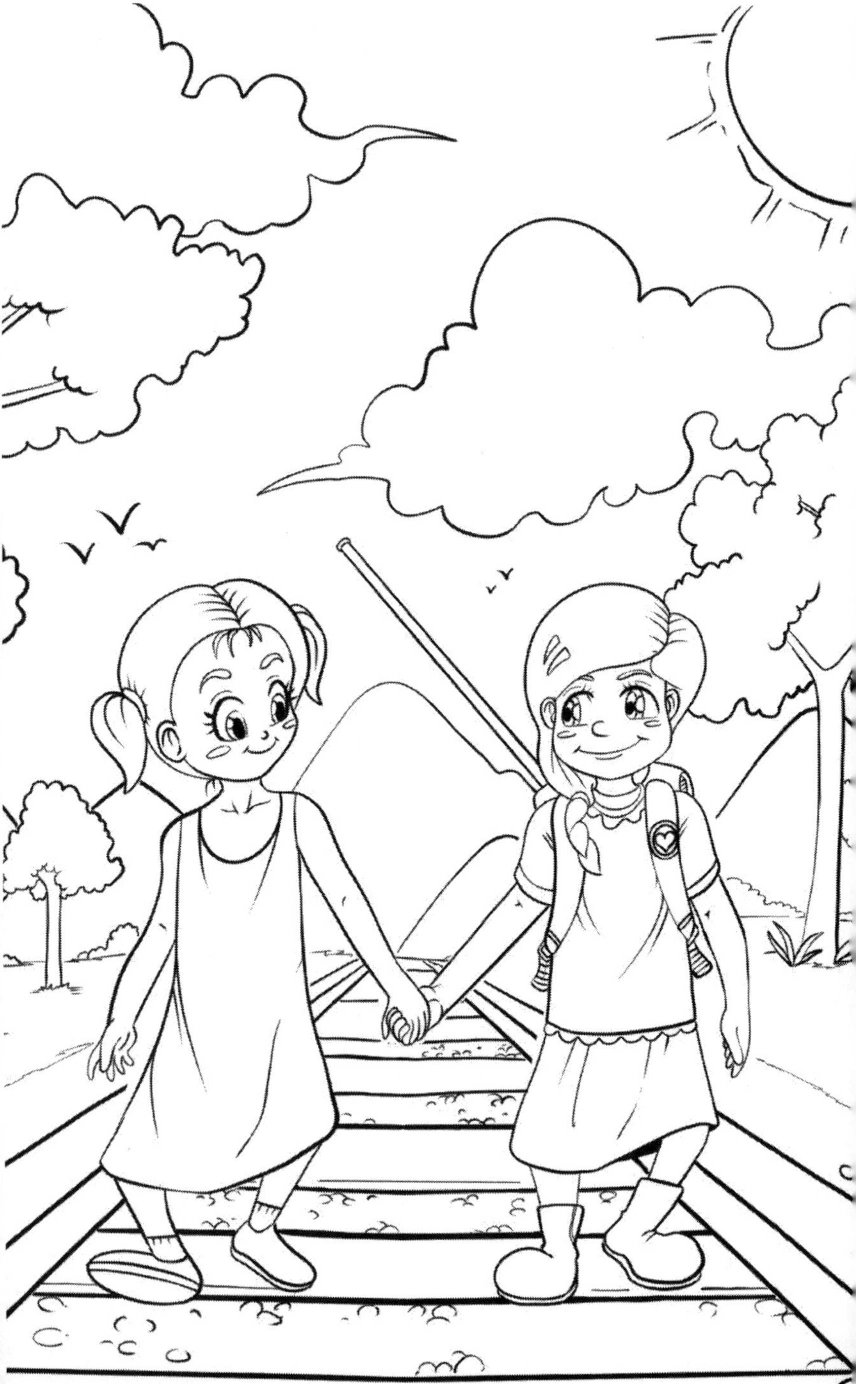

MAI DIMENTICARE LA TUA MIGLIORE AMICA

Marta e Barbara erano amiche fin da quando erano piccole. Erano nate a pochi giorni di distanza l'una dall'altra, e avevano frequentato l'asilo e le elementari insieme. Adesso si ritrovavano alle scuole medie, ed erano sempre inseparabili, l'una la migliore amica dell'altra. Erano iscritte alla stessa classe, la prima C, e tutto tra loro si svolgeva sempre nel migliore dei modi. Andavano a scuola insieme prendendo l'autobus, poi ascoltavano le lezioni ridendo delle battute che facevano di nascosto dall'insegnante, facevano merenda durante la ricreazione e poi tornavano a casa insieme. I loro genitori erano molto contenti della loro amicizia, e credevano che sarebbe durata per sempre. Marta e

Barbara non erano ricche, ma in fondo avevano tutto quello che potevano desiderare: una casa, una famiglia piena di amore e un'amicizia su cui contare. Tutto questo fino a quando a scuola arrivò Lucia. Lucia era una ragazzina di un anno più grande che era stata bocciata e veniva da un'altra scuola. Era molto spocchiosa, superba, e tanto ricca. Oltretutto era pure bella, e quindi tutti i ragazzini della classe facevano la fila per uscire con lei. Marta e Barbara all'inizio non prestarono molta attenzione alla nuova arrivato, ma continuarono a giocare tra loro. Marta era la più brava della classe, e in matematica era davvero un genio. Barbara la ammirava molto per questo, ma non gli aveva mai chiesto di copiare un compito, o di aiutarla se non tranne quando studiavano insieme. In compenso Barbara giocava molto bene a pallavolo, e aveva fatto entrare Marta nella squadra della scuola anche se lei era davvero negata per lo sport. Del resto era proprio questo il senso della vera amicizia per loro: ciascuna dava all'altra quello che aveva, senza pretendere nulla in cambio, ed era sempre presente per ogni bisogno. Lucia evidentemente non la pensava allo stesso modo. Cominciò ad avvicinarsi a Marta chiedendogli se voleva andare a casa sua a chattare con i ragazzi più carini della scuola. Marta accettò volentieri, ma Lucia specificò che Barbara non era invitata. All'inizio Marta gli chiese 'Come mai'?, e la risposta di Lucia fu: 'Perché Barbara è una sfigata in matematica'. Marta prese subito le difese dell'amica, dicendo che se era vero che Barbara non era brava in matematica, sapeva fare altre cose. Lucia le rispose che il suo invito era valido a patto che andasse da sola. Marta raccontò l'accaduto alla sua amica Barbara, dicendole che era curiosa di vedere la casa di una ragazza tanto ricca, niente di più. Barbara le rispose di andare senza farsi problemi. Così Marta andò a casa di Lucia, e qui rimase incantata dal lusso in cui viveva la sua nuova compagna. Lucia aveva una vera e propria villa, con tanto di piscina e camerieri personali. Passarono il giorno a mangiare dolci e a chattare al computer, fino a quando Lucia chiese alla sua ospite se aveva già fatto i compiti di matematica. 'Certo!', rispose Marta, 'perché tu no?'. 'Oh, io non ho avuto tempo, e mi sono appena trasferita nella vostra scuola, mi devo ancora integrare e poi non sono tanto brava come te. Potresti farmi copiare gli esercizi?' Marta rimase sorpresa dalla richiesta, Barbara non gli aveva mai domandato una cosa del genere, ma pensò che in fondo non ci fosse nulla di male. Fece copiare a Lucia gli esercizi, e poi tornò a casa con un regalo che le aveva fatto Lucia per ringraziarla. Le aveva dato alcuni cd musicali. L'indomani Marta raccontò a Barbara quello che era accaduto. Barbara disse semplicemente che non riteneva corretto copiare i compiti, ma non aggiunse altro. Marta, sentendosi in colpa, non raccontò del regalo che Lucia gli aveva fatto. Qualche giorno più tardi si presentò la stessa situazione: Lucia chiese a Marta di passare del tempo a casa sua perché aveva organizzato una festa esclusiva per pochi invitati. Marta chiese se potesse portare Barbara questa volta, ma Lucia rispose ancora una volta di no. Marta non sapeva cosa fare, anche perché il giorno della festa doveva giocare nella squadra di pallavolo in cui Barbara l'aveva fatta entrare. Si trattava di una partita molto importante, e Marta sapeva che non poteva mancare. Tuttavia la casa di Lucia era così bella, e la festa si svolgeva in piscina. Inoltre Lucia le aveva detto di aver invitato anche Marco, il ragazzo che le piaceva tanto. Così Marta inventò una scusa per la sua amica e si recò alla festa. Quel pomeriggio per Marta fu un vero fiasco. Si sentì in colpa per tutto il giorno, anche perché non aveva mai raccontato una bugia alla sua amica. Inoltre Lucia aveva parlato con Marco per tutto il tempo e così lei non aveva avuto l'occasione di conoscerlo meglio. Ma il peggio doveva ancora arrivare! Lucia la prese da parte e le disse che aveva un regalo per lei, un cellulare nuovo. Doveva solo farle copiare il compito in classe di matematica della settimana successiva. Quando Marta si rifiutò di farlo e se ne andò, Lucia pubblicò nella chat della scuola le foto della festa. Quando Barbara le vide ci rimase talmente male che per giorni non parlò alla sua amica. Marta aveva capito il suo errore: aveva messo da parte un'amica vera per degli stupidi regali, aveva mentito e tutto per farsi una nuova amica che in fondo voleva solo sfruttarla. Per farsi perdonare organizzò una festa a sorpresa per Barbara, senza invitare Lucia, e le dimostrò quanto bene le voleva facendosi perdonare. Da quel giorno le due amiche diventarono ancora più unite.

Morale:

La morale della favola è che i veri amici sono preziosi e non vanno mai messi da parte solo perché si conosce qualcuno che apparentemente può offrirci qualcosa di materiale. Il vero amico è colui che c'è sempre, anche quando non ne ricava nulla.

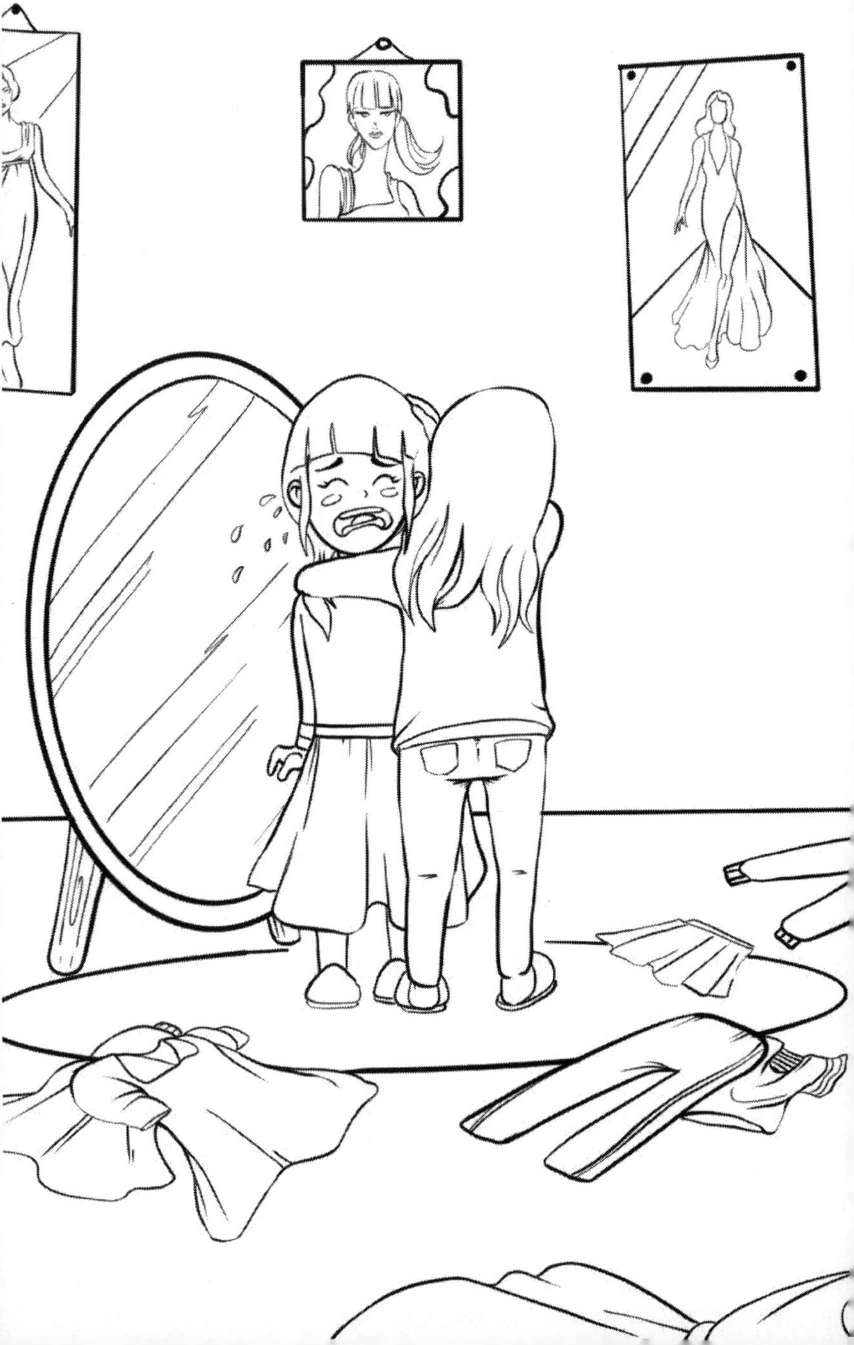

FAME D'AMORE

Carlotta era una timida ragazzina di 12 anni con i capelli rossi e gli occhi verdi. Non era molto alta, appena 1 metro e 40, e si lamentava sempre per quei chili di troppo che aveva sul sedere. Nonostante questo era sempre allegra e gentile con tutti. Quant'era diversa da sua sorella Lucrezia. Lucrezia, o come la chiamava lei Lulù, era bellissima, e a 15 anni era già corteggiatissima dai ragazzi. Aveva dei lunghi capelli biondi, gli occhi blu e delle gambe magre che sembravano non finire più. A vederle insieme non si sarebbe nemmeno detto che fossero sorelle, se non fosse stato per il grande bene che si volevano. Fin da piccole erano state sempre legatissime, e passavano spesso ore e ore a parlare tra loro. Si raccontavano praticamente tutto, non avevano segreti l'una per l'altra e sapevano di poter sempre contare sulla propria sorella per qualunque cosa. I genitori di Carlotta e Lucrezia erano due medici, e passavano molto tempo in ospedale; così le due sorelle erano spesso da sole. Lucrezia era stata sempre protettiva con Carlotta, facendole quasi da seconda mamma. L'aiutava a fare i compiti, quando era piccola le raccontava delle favole per farla addormentare e le preparava tutte le cose buone che amava mangiare. Ecco perché Lulù fu proprio la prima ad accorgersi che Carlotta era cambiata. Lucrezia era di certo la persona che conosceva meglio al mondo la sorella, e quando Carlotta cominciò a rifiutare la torta alle fragole che era il suo dolce preferito, Lulù le chiese se stesse bene. Per tutta risposta Carlotta le rispose con una scrollata di spalle e poi aggiunse: 'Sì si, certo, non ho fame'. Quella stessa notte però, mentre i loro genitori facevano il turno in ospedale, Lucrezia andò in cucina per bere un bicchiere d'acqua e si accorse che la torta era finita. 'Ma come!', si chiese tra sé e sé, 'ce n'era quasi metà!'. Perplessa se ne tornò a letto, ripromettendosi che avrebbe chiesto alla sorella spiegazioni il giorno dopo. La mattina a colazione Carlotta sembrava molto stanca e aveva le occhiaie. 'Sai che fine ha fatto la torta?', le chiese Lucrezia. 'Oh', rispose Carlotta, 'mi è caduta per sbaglio, scusami, l'ho buttata'. Poi mangiò qualche biscotto e si alzò da tavola per andare in bagno. Lucrezia controllò nel secchio della spazzatura, ma della torta non vi era traccia. Non ci fece molto caso lì per lì, e le due sorelle si salutarono per andare a scuola. Quando

Carlotta tornò a pranzo, Lucrezia le fece trovare un bel piatto di pasta fumante. Carlotta guardò la pasta, poi disse che non aveva fame e si ritirò nella sua stanza. A quel punto Lucrezia cominciò a preoccuparsi, e raggiunse la sorella in camera. La trovò che stava divorando una merendina, e appena la vide la gettò nel secchio. 'Ma come Lotti', disse Lucrezia, 'ti avevo preparato la pasta!'. Carlotta fece una cosa che non aveva mai fatto. Urlò contro la sorella dicendole che lei non poteva capire e poi scappò in bagno. Lucrezia cercò di farsi aprire la porta, ma poi decise di andarsene. Non capiva cosa stesse succedendo, così decise di tenere d'occhio la sorella. Passarono i giorni, e Lucrezia di nascosto seguiva Carlotta a scuola. Frequentavano lo stesso edificio ma erano in classi diverse, così Lucrezia appena poteva si nascondeva dietro un muretto e osservava la sorella. La vide sempre in disparte, lei che era timida ma in fondo gentile con tutti. Era sempre triste, e fissava un ragazzo che invece non la degnava di uno sguardo. Mentre pensava che nessuno la guardasse si abbuffava di patatine o biscotti. All'improvviso poi si alzava e correva in bagno. Lucrezia aveva capito che c'era qualcosa di grave che non andava, ma non sapeva come affrontare la cosa. Aveva solo 15 anni e sua sorella appena 12: come poteva risolvere quello che sembrava proprio un disturbo alimentare? Quel pomeriggio Lucrezia propose alla sorella di andare a fare shopping insieme. Aveva avuto un'idea e c'era una cosa che doveva provare a fare. All'inizio Carlotta non sembrava molto convinta, ma poi si decise. Quando si trovarono in negozio, Lucrezia prese qualche vestito e si infilò nel camerino con la sorella. 'Dai, provati questi, vediamo come ti stanno', disse a Carlotta. La sorella però proprio non voleva saperne di spogliarsi. 'Ma come?, le chiese Lucrezia, 'ti vergogni di me?'. Carlotta a quel punto scoppiò a piangere e finalmente si confidò con la sorella. Le disse che si era innamorata di un ragazzo che però non ricambiava, e che si vergognava del suo aspetto perché era grassa. Lucrezia l'abbracciò stretta e le disse che non era affatto grassa, e che se quel ragazzo non era interessato a lei, aveva tutto da perderne. Sul momento sembrò quasi che Carlotta si fosse convinta, ma invece le cose erano peggio di quanto sembrasse. La notte, mentre i genitori dovevano coprire di nuovo un turno,

Lucrezia sentì Carlotta andare in cucina e aprire il frigorifero. Sapeva che dentro c'erano gli avanzi della cena: carne, patate, e poi il gelato. Dopo qualche minuto sentì Carlotta correre in bagno. Si alzò dal letto e andò a sbirciare dentro il frigorifero. Vide che non era rimasto più niente. Adesso Lucrezia sapeva quello che doveva fare. Tornò a letto e pianse per sua sorella. Al mattino Lucrezia disse che non sarebbe andata a scuola perché non si sentiva bene, ma quando Carlotta uscì di casa, si vestì in fretta e prese l'autobus. Il mezzo la portò proprio davanti all'ospedale in cui lavoravano i suoi genitori. Quando la videro si spaventarono molto, ma Lucrezia facendosi coraggio, raccontò di Carlotta e di quello che le stava succedendo. Non sentì di averla tradita, ma di averla aiutata. Se lei non aveva i mezzi per salvare sua sorella prima che fosse tardi, i suoi genitori di certo potevano farlo. Quello fu l'inizio di un lungo percorso per Carlotta e la sua famiglia. Una volta presa coscienza del suo problema, Carlotta si fece aiutare, e diventò una donna splendida. Non dimenticò mai il gesto di coraggio e di amore fatto da sua sorella.

Morale:

La morale di questo racconto è che i disturbi alimentari che fanno paura possono essere affrontati con l'amore delle persone che ci vogliono bene. Si parla degli stereotipi di chi vuole le ragazze tutte uguali, belle e magre, ma parla anche del coraggio che a volte si deve avere per aiutare qualcuno e dirgli che sta sbagliando.

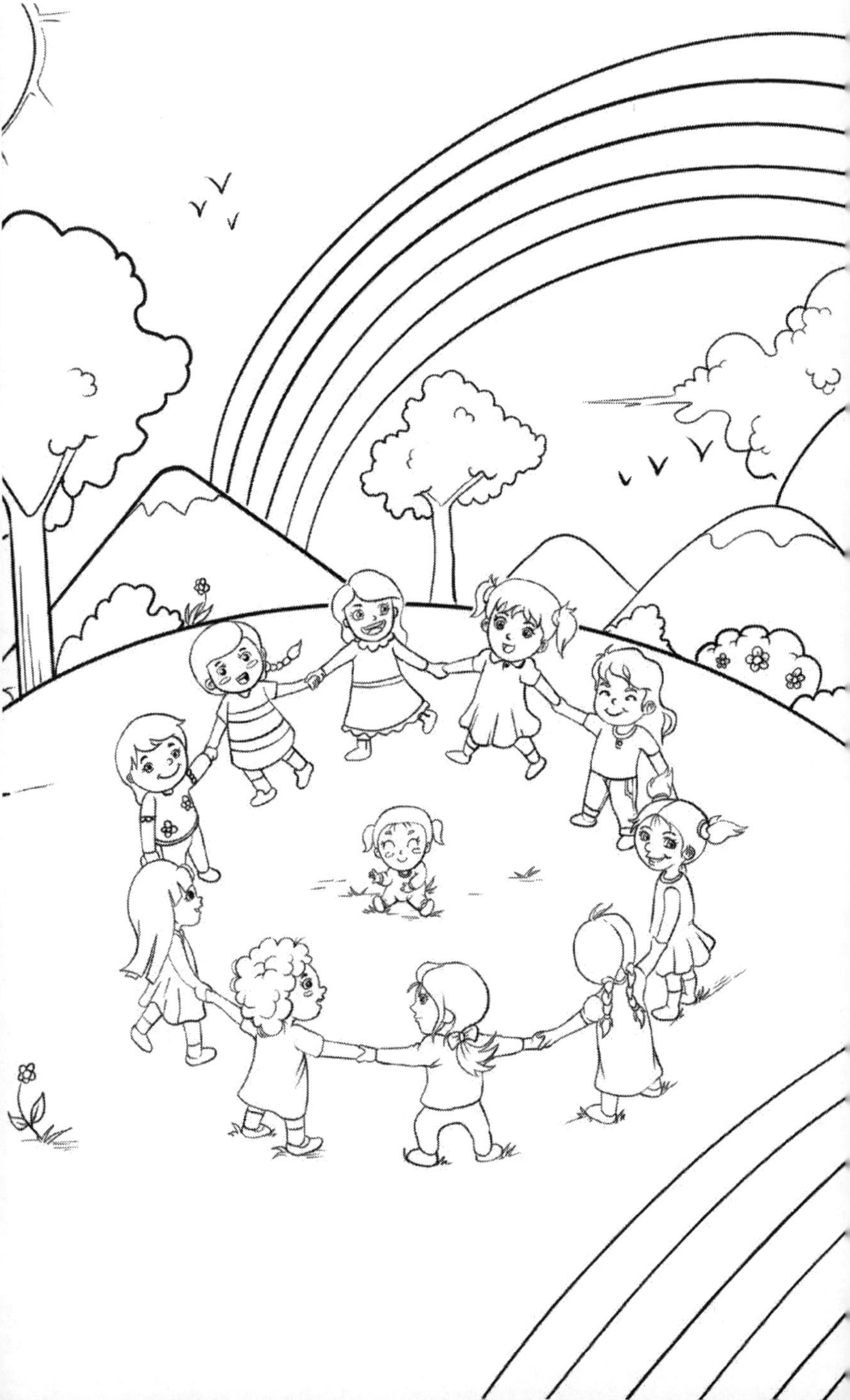

LA BAMBINA BLU

Nel regno di Colorandia ogni abitante era diverso e speciale. Tutto lì era magico, e ciascuno viveva felice in armonia con il prossimo. C'era il panettiere, che sfornava pane caldo ogni mattina; c'era il pastore che allevava le pecorelle e dava il latte fresco a chi glielo chiedeva. C'era il calzolaio che riparava le scarpe rotte, e c'era il dottore che curava le ferite. Anche i bambini erano speciali e felici a Colorandia. Ognuno di loro sapeva fare qualcosa: chi era bravo in matematica, chi sapeva danzare, chi preparava dei dolci squisiti, chi giocava bene a pallone; ciascuno aveva una dote e poteva esprimerla liberamente. E poi c'era Bibi, una bambina tutta blu. Esatto: Bibi era nata completamente colorata di blu. Quando era nata la sua famiglia si era spaventata moltissimo, ma i medici avevano sempre detto che la bimba non aveva alcun tipo di problema. Non era malata, non aveva dei disturbi, non soffriva di nulla. Era solo blu. Naturalmente crescendo Bibi aveva sempre sofferto di questa sua strana e rara condizione. Era cresciuta amata dalla sua famiglia ma presa in giro in ogni classe che aveva frequentato. La sua mamma le ripeteva di essere fiera di lei, perché era una bambina buona e gentile, ma Bibi soffriva molto. Oltretutto, mentre i suoi compagni avevano tutti una passione e una dote particolare, sembrava che Bibi fosse del tutto comune. Era sufficiente in tutte le materie ma non ce n'era una in cui fosse particolarmente brava. Faceva sport, ma non eccelleva in una disciplina particolare. Cucinava quel tanto che bastava per mangiare, ma non preparava mai piatti sopraffini. Infine, sapeva suonare il pianoforte, ma non in maniera speciale. Insomma, faceva più o meno le cose che fanno tutti, ma senza essere brava in qualcosa di unico. Accadde però, un giorno, una cosa che cambiò per sempre la vita di Bibi e di tutti gli abitanti di Colorandia. All'inizio non se ne accorse nessuno. Piano piano però i colori cominciarono a sbiadire. Il primo segno fu nel tramonto. Il sole che tramontava era sempre rosso, ma non quel rosso brillante che siamo abituati a vedere quando arriva la sera. Il tramonto era quasi spento, scolorito. Poi accadde ai fiori; piano piano le rose divennero meno rosa, i lillà si tinsero di un pallido color violetto, e i girasole sembravano meno arancioni del solito. Cosa stava accadendo a

Colorandia? Nessuno sapeva spiegarselo. Piano piano nel Paese di Colorandia tutto si spense: gli alberi non erano più verdi, il cioccolato diventò grigio, il mare era solo trasparente e gli occhi dei bambini non brillarono più. Preoccupato, il sindaco di Colorandia convocò un gruppo di scienziati per indagare sullo strano fenomeno. Gli scienziati raccolsero un campione di ogni cosa colorata e si ritirarono nel loro laboratorio. Per giorni e giorni esaminarono fiori, piante, vestiti, cibi, farfalle, cercando di capire cosa stesse togliendo loro il colore. 'Presto!', si diceva da più parti, 'non c'è più tempo da perdere!'. E infatti era proprio così, non c'era davvero più tempo per gli abitanti di Colorandia che stavano diventando tutti grigi. Al mattino le donne, prima di uscire di casa, si truccavano per acquistare un po' di colore, ma ben presto anche i cosmetici diventarono grigi. Una mattina, gli scienziati convocarono una conferenza stampa urgente per comunicare che forse avevano capito qual era il problema. 'Signori', disse il capo della squadra di scienziati, 'abbiamo trovato la causa, ma non sappiamo quale sia il motivo. Sembra che a Colorandia sia scomparso il blu'. 'Ma come?' gridarono i giornalisti presenti alla conferenza. 'Che vuol dire che è scomparso il blu?!'. 'Vedete', continuò lo scienziato, 'come sanno tutti, i colori sono composti dall'intero spettro, e per poter vedere un colore è necessario che tutti gli altri siano presenti. È come per l'arcobaleno; se non ci sono tutti i colori, l'arcobaleno non può esistere. Nelle cose di Colorandia, e anche nelle persone, sta accadendo una cosa misteriosa: abbiamo analizzato centinaia di fiori, di insetti, di cibi, e abbiamo scoperto che nelle loro cellule ci sono tutti i colori tranne il blu. Non sappiamo perché accade, però sembra che senza il blu non possano esistere nemmeno gli altri colorì'. 'Qual è la soluzione?' chiese allora il sindaco. 'L'unica soluzione è trovare un po' di blu', rispose sconfortato lo scienziato, 'che possa ridare colore a tutto. Ma non abbiamo idea di dove trovarlo, dato che tutti i colori sono scomparsi'. Ad un certo punto, dal fondo della sala si alzò una manina. Era una manina blu. Tutti si fecero da parte, e la piccola Bibi facendosi coraggio si avvicinò. Molti dei presenti la conoscevano, mentre altri in realtà non l'avevano mai vista. 'Guarda! È una bambina tutta blu', esclamarono in molti. Il capo degli scienziati la guardò e le disse: 'Bambina mia, cosa ti è successo?', e

Bibi disse di essere stata sempre così. Allora lo scienziato le chiese di avvicinarsi e le diede un piccolo girasole. 'Tieni', le disse, 'prova a toccarlo'. Non appena Bibi prese in mano il girasole, quello cominciò a vibrare, e piano piano da grigio diventò di un giallo pallido, per poi riacquistare tutta la sua brillantezza e si colorò di arancione. Tutti i presenti gridarono. Prova con questo, le disse lo scienziato dandole una farfallina in mano. Non appena Bibi la toccò, quella diventò tutta azzurra e volò via. Piano piano Bibi toccò tutto quello che trovava a Colorandia, e ogni cosa tornò splendente. Ecco cosa sapeva fare Bibi, era in grado di ridare colore al mondo. Così imparò che anche se nasci blu, non devi sentirti diversa, perché se un giorno nel mondo mancherà il blu, tu sarai l'unica che potrà restituirlo.

Morale:

La morale di questa favola è che ciascuno di noi ha una caratteristica che lo rende unico. Anche se spesso ci sentiamo di non valere molto, al momento opportuno le nostre doti serviranno a qualcuno, e allora verremo ricompensati e gratificati per quello che siamo.

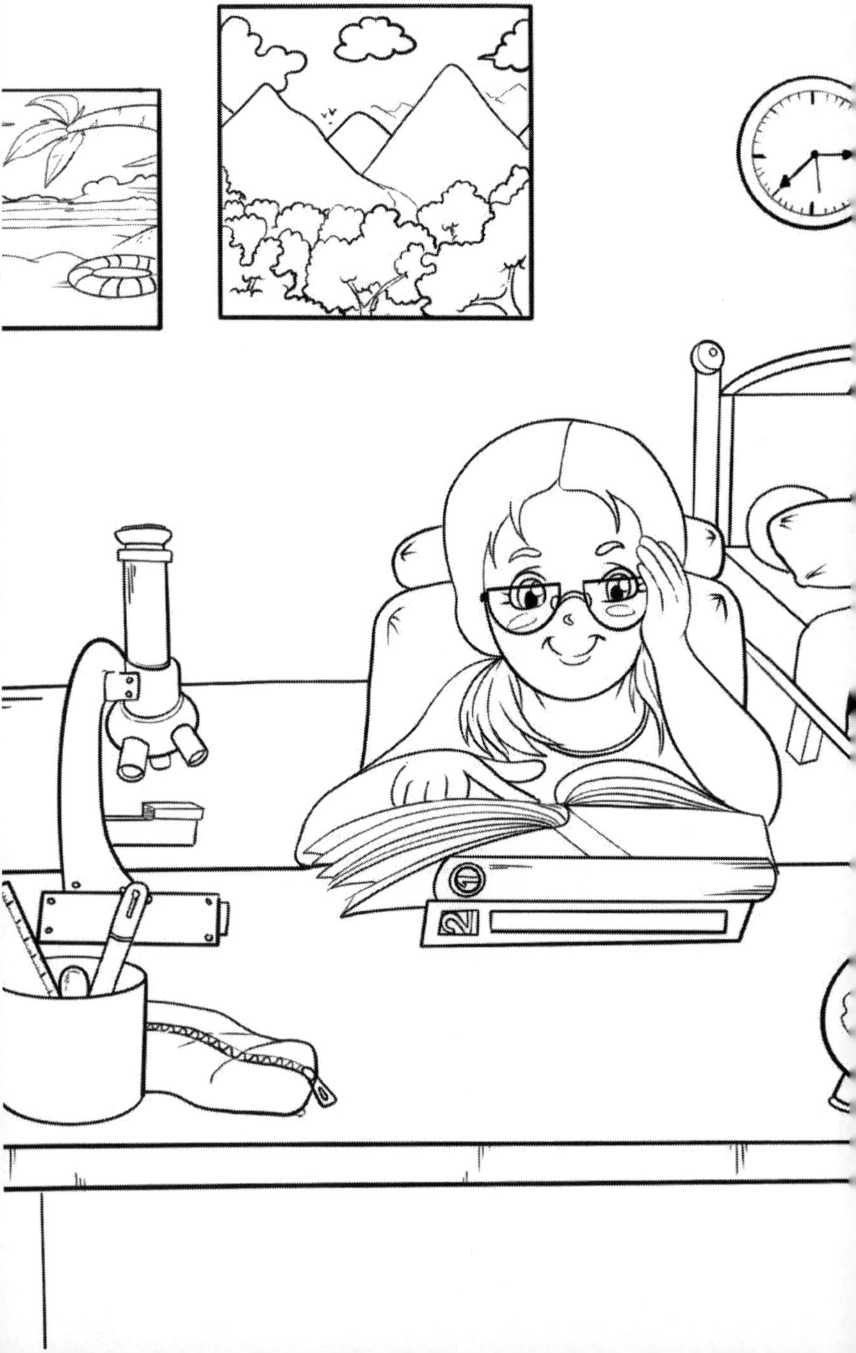

GUARDARE IL MONDO CON OCCHI DIVERSI

Cristina era sempre stata una ragazzina intelligente e studiosa. Fin da quando era piccola i suoi genitori erano sempre stati molto orgogliosi di lei, che prendeva dei bei voti e veniva elogiata da tutti gli insegnanti. La materia che amava di più era la biologia. Quando era piccola, sua madre le aveva regalato un microscopio, uno di quelli giocattolo con cui però riusciva a guardare gli insetti. Cristina era rimasta incantata dall'esplorazione di quel mondo in miniatura che ad occhi nudi non si vedeva bene. Passava ore e ore a raccogliere formichine e a metterle, sempre facendo attenzione a non fare loro male, sul vetrino del microscopio. Dopo averle guardate attentamente, prendeva un foglio con una matita e le disegnava perfettamente. Ecco, l'altra cosa che Cristina amava erano i libri illustrati, quelli con tante fotografie. Amava i libri di viaggio, che mostravano paesaggi marini e di montagna in cui Cristina sognava di andare un giorno. Insomma, Cristina era quella che si dice una studentessa modello, che difficilmente si separava dai suoi libri e dal suo microscopio. Ecco perché i suoi genitori si preoccuparono molto quando la loro figlia cominciò ad andare male a scuola. Tutto cominciò dopo il compito in classe di biologia, materia in cui Cristina era sempre stata la migliore della classe. Tutto sommato il suo voto non era proprio terribile, in fondo aveva preso un 5; ma per lei che aveva la media del 9 quel piccolo insuccesso rappresentava qualcosa di strano. Poiché quando Cristina lo raccontò ai suoi genitori era davvero molto dispiaciuta, la sua mamma e il suo papà decisero di non dare molto peso all'accaduto. In fondo non era successo nulla di grave, come confermò anche la sua professoressa durante un colloquio. Quando però Cristina tornò a casa con un 4 all'esercitazione di chimica, i suoi genitori le chiesero se ci fosse qualche problema. Cristina disse no, che era dispiaciuta e che avrebbe studiato ancora di più. Ancora una volta i suoi genitori decisero di darle fiducia. Cominciarono però ad osservarla attentamente per capire se avesse modificato qualche abitudine. Apparentemente sembrava che le cose fossero sempre le stesse, ma Cristina sembrava più distratta del solito. All'inizio pensarono che si fosse innamorata di un ragazzo. Non era mai capitato prima, ma tutto poteva far pensare a quello. Così una sera la mamma decise di prendere la palla al balzo e raggiunse Cristina nella sua stanza. Si sedette sul letto e cominciò a raccontarle di quando aveva conosciuto il suo papà. Cristina la ascoltava con interesse, ma quando capì dove la mamma volesse arrivare diventò tutta rossa. 'Mamma, non penserai che io mi sia innamorata!?'. 'Ma cosa ci sarebbe di strano tesoro? Ti vediamo sempre così assorta e distratta, e ultimamente i tuoi voti sono peggiorati. Così io e tuo padre abbiamo dedotto che forse...'. Cristina non la fece nemmeno finire di parlare: 'No mamma, ti sbagli! So che non ci sarebbe nulla di male, ma non è così'. La mamma da un lato si rasserenò, anche se in fondo non riusciva più a capire il comportamento della figlia. Le cose presto cominciarono a peggiorare.

La sbadataggine di Cristina divenne preoccupante. Spesso urtava il tavolino facendo cadere qualcosa. A volte poi soffriva di forti mal di testa. E non leggeva più i suoi amati libri. Anche a scuola le cose andavano sempre peggio. A quel punto i suoi genitori si preoccuparono moltissimo. Temevano che la loro figlia avesse qualche problema serio di salute. Il papà, che era un medico, consultò un suo collega per avere un parere, e quello che il dottore gli disse gli diede un'idea. Quando tornò a casa la sera, il papà di Cristina parlò con sua moglie e le raccontò quanto gli aveva detto il suo collega. 'Speriamo che abbia ragione', sospirò la mamma, 'e che si tratti solo di questo'. 'Beh', le rispose il marito, 'per scoprirlo dovremmo fare solo una piccola prova'. Così chiamarono Cristina, che stava riposando nella sua stanza, e la fecero andare in soggiorno. 'Cristina, potresti farmi una cortesia?', le disse il papà. 'Certo, cosa devo fare?', fu pronta a rispondere la ragazzina. 'Leggimi per favore il programma dei film che danno questa sera in televisione', le chiese il padre. Cristina esitò per un momento, poi disse che non aveva tempo e che doveva tornare a studiare. 'Dai, ti ci vorrà solo un minuto', la incalzò il padre. A quel punto Cristina scoppiò a piangere e disse che non poteva farlo. I suoi genitori le andarono vicino e la abbracciarono. 'Ci vedi male vero piccola?', le chiese la mamma. Cristina tra le lacrime rispose di sì. Passarono molto tempo a parlare tra loro. Cristina confessò che da qualche mese ci vedeva male. Faceva fatica a mettere a fuoco le lettere, e quindi era per quello che aveva preso dei brutti voti a scuola. Non lo aveva detto a nessuno perché si vergognava di portare gli occhiali. 'Ma tesoro', le disse la mamma con amore, 'in questo modo il tuo problema diventerà ancora più grave'. 'Lo so', aveva risposto lei, 'ma mi vergogno proprio tanto'. La mamma ebbe un'idea. Aveva un'amica che faceva la biologa, e decise di farle conoscere la figlia. Cristian rimase subito affascinata da questa scienziata che portava un paio di occhiali colorati. Capì che portare gli occhiali non era una cosa di cui vergognarsi, ma che le lenti le sarebbero servite per realizzare il suo sogno e diventare anche lei una scienziata. 'Grazie mamma', disse Cristina abbracciando la donna quando furono a casa, e poi le chiese: 'Domani mi accompagni a scegliere un bel paio di occhiali colorati?'.

Morale:

La morale di questo racconto è che non dobbiamo vergognarci di quelli che consideriamo i nostri difetti, perché in realtà non devono essere dei limiti.

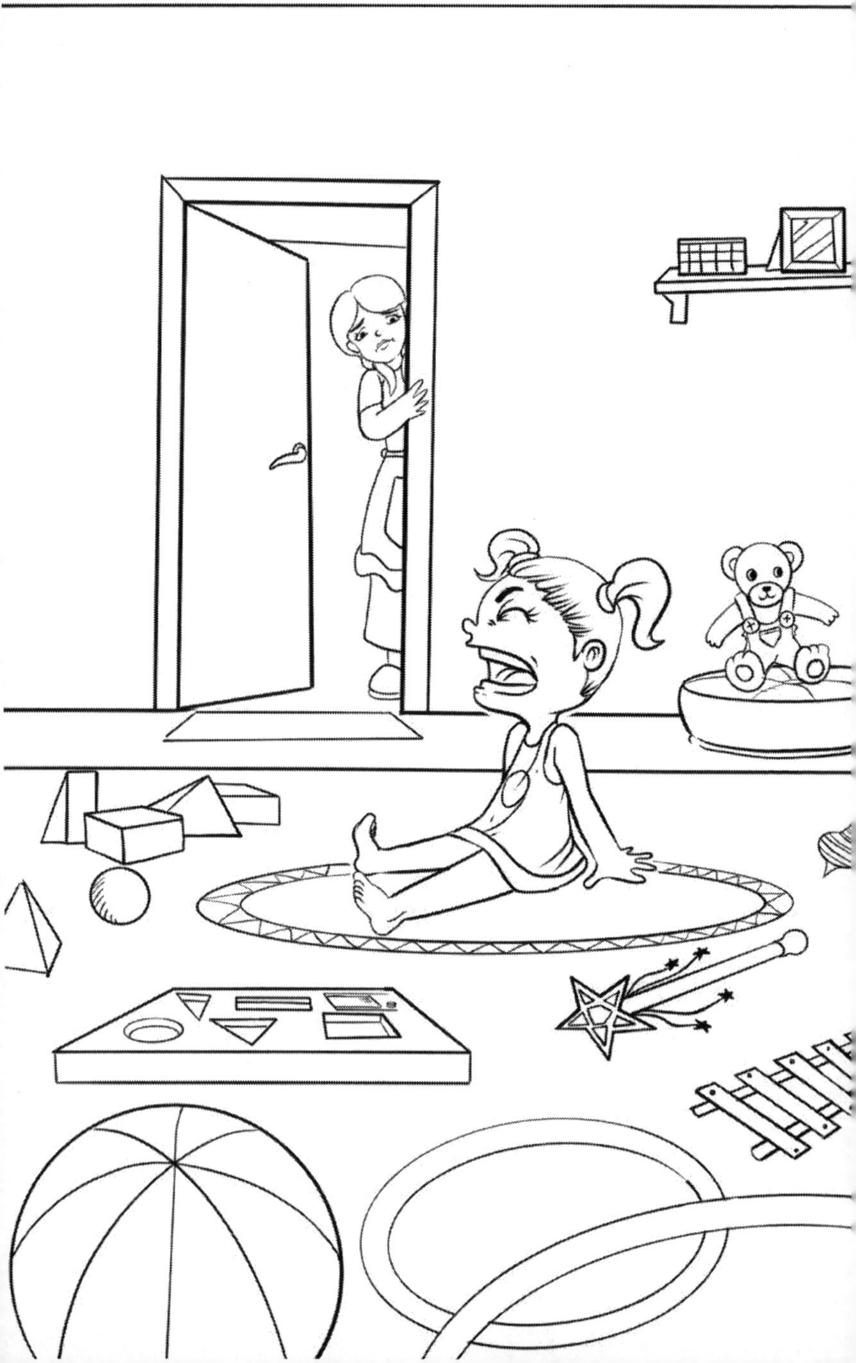

TI PIACEREBBE UN MONDO SENZA REGOLE?

Martina era una bimba molto capricciosa. I suoi genitori, c'è da dirlo, l'avevano sempre viziata molto. Il motivo era che entrambi lavoravano tanto, e si sentivano in fondo in colpa per non essere più presenti con lei. Il problema è che crescendo Martina si era convinta che tutto le fosse dovuto, e che per lei le regole non esistessero. Qualunque cosa desiderasse, la otteneva. Qualunque regalo chiedesse, le veniva dato. Crescendo però, la situazione si era fatta abbastanza problematica. Martina non faceva che far scappare le baby sitter e le tate che i suoi genitori le trovavano. Le povere donne, dopo pochi giorni o addirittura poche ore da quando erano assunte, si licenziavano affermando che non avrebbero mai più messo piede in casa. I genitori di Martina avevano provato tante volte a parlarle, spiegandole che comportarsi male non era una cosa giusta, e che la maleducazione non era mai una buona strategia con le persone. Tuttavia la bambina sembrava non interessarsi di quel che le veniva detto, e per ripicca si comportava in modo ancora più sgarbato. Un giorno si presentò alla porta una nuova tata. Mentre la mamma la riceveva in casa, Martina nascosta dietro la porta della cucina, sbirciava e origliava. Osservava rapita quella donna che si era presentata per un colloquio di lavoro, perché le sembrava dolce e severa allo stesso tempo. La sua mamma non faceva che dirle che Martina era una brava bambina ma un po' capricciosa, che si doveva avere tanta pazienza con lei e che serviva determinazione ma allo stesso tempo dolcezza. La donna però non sembrava affatto preoccupata da quello che sentiva. Ad un certo punto a Martina sembrò addirittura che l'avesse vista, dietro la porta, e spaventata fece un salto all'indietro e scappò in camera sua. Quella sera la mamma, mentre le rimboccava le coperte e le raccontava una favola, le disse: 'Sai tesoro, oggi ho assunto una nuova tata. Come sai', continuò poi accarezzandole i capelli, 'io e il tuo papà dobbiamo assentarci per qualche giorno. In nostra assenza ti chiedo di fare la brava, di fare tutti i compiti, di mangiare le verdure e soprattutto di ascoltare quello che la nuova tata ti dirà di fare. Siamo d'accordo?'. Martina, sbadigliando mentre si infilava sotto le coperte, rassicurò la mamma, già sapendo in cuor suo che avrebbe fatto alla tata tanti dispetti e scherzi.

L'indomani i suoi genitori partirono, e l'arrivo della nuova tata coincise con il weekend. 'Bene', si disse Martina, 'così non dovrò nemmeno andare a scuola. Potrò fare tutto quello che mi pare!'. La tata, non appena i genitori furono partiti, le disse che c'erano delle regole nuove da rispettare. Martina storse subito il naso, ma la tata fu veloce a risponderle: 'Le nuove regole, cara Martina, è che non ci sono regole!'. Martina la fissò per qualche istante senza capire. Nessuno le aveva mai parlato cos. Eppure la tata continuò: 'Hai capito bene. Per i prossimi due giorni in questa casa non ci saranno regole, e potrai fare tutto quello che vuoi'. Martina sorrise, ma non era certa di aver capito bene cosa la tata intendesse. 'Beh', si disse tra sé e sé, meglio così. E per mettere subito in pratica la nuova situazione, se ne andò sul divano a guardare i cartoni animati. Fattasi ora di pranzo, Martina raggiunse la tata che era comodamente seduta in poltrona. 'Ho fame', esordì, 'che c'è di buono?'. La tata alzò gli occhi dalla rivista che stava sfogliando e scrollò le spalle: 'Niente. Non avevo voglia di cucinare'. Martina mise subito il broncio e si lamentò. La tata allora le spiegò che se le regole non valevano per lei, allora non dovevano valere nemmeno per gli altri. 'Ma la mia mamma mi prepara sempre il pranzo', obiettò la bimba. 'Certo', le rispose la tata, 'perché la tua mamma conosce le regole, e sa che se vuole mangiare e dare da mangiare a te, ad un certo punto deve andare in cucina e preparare il pranzo'. Detto ciò si rimise a sfogliare la rivista. Martina andò in cucina e tirò fuori dal frigorifero il gelato. Subito le venne in mente la mamma che le diceva: 'Martina, niente gelato prima di pranzo, lo sai, è la regola!'. Ma visto che per quei due giorni non c'erano regole, poteva anche farlo. Prese un cucchiaio e lo affondò nel barattolo. Sulle prime le piacque molto, ma poi cominciò a sentire male al pancino. 'Ahia!', si lamentò andando dalla tata, 'mi fa male la pancia!'. 'Certo', le rispose la tata prendendola in braccio e portandola a letto, 'perché hai violato le regole. Adesso stenditi qui che ti faccio un bel massaggino al pancino'. Così la tata passò qualche ora con lei e Martina si sentì molto meglio. Si addormentò, e quando si svegliò ea quasi un'altra bimba. Aveva capito che le regole servivano prima di tutto a sé stessa, e che violarle non le portava altro se non fastidi e mal di pancia. Quando i suoi genitori tornarono furono felicissimi di vederla più obbediente, e proposero di fare uno strappo alla regola mangiando gelato. Martina, guardandoli seria e facendoli poi scoppiare a ridere disse loro, con le manine sui fianchi: 'Eh no, lo sapete che prima di pranzo non si mangia il gelato!'.

Morale:

La morale di questa storia è che le regole servono, soprattutto quando si è piccoli. Servono per imparare come comportarsi, servono per diventare adulti più responsabili e per fare sempre il proprio dovere. Anche perché se non ci fossero le regole, dove si andrebbe a finire?

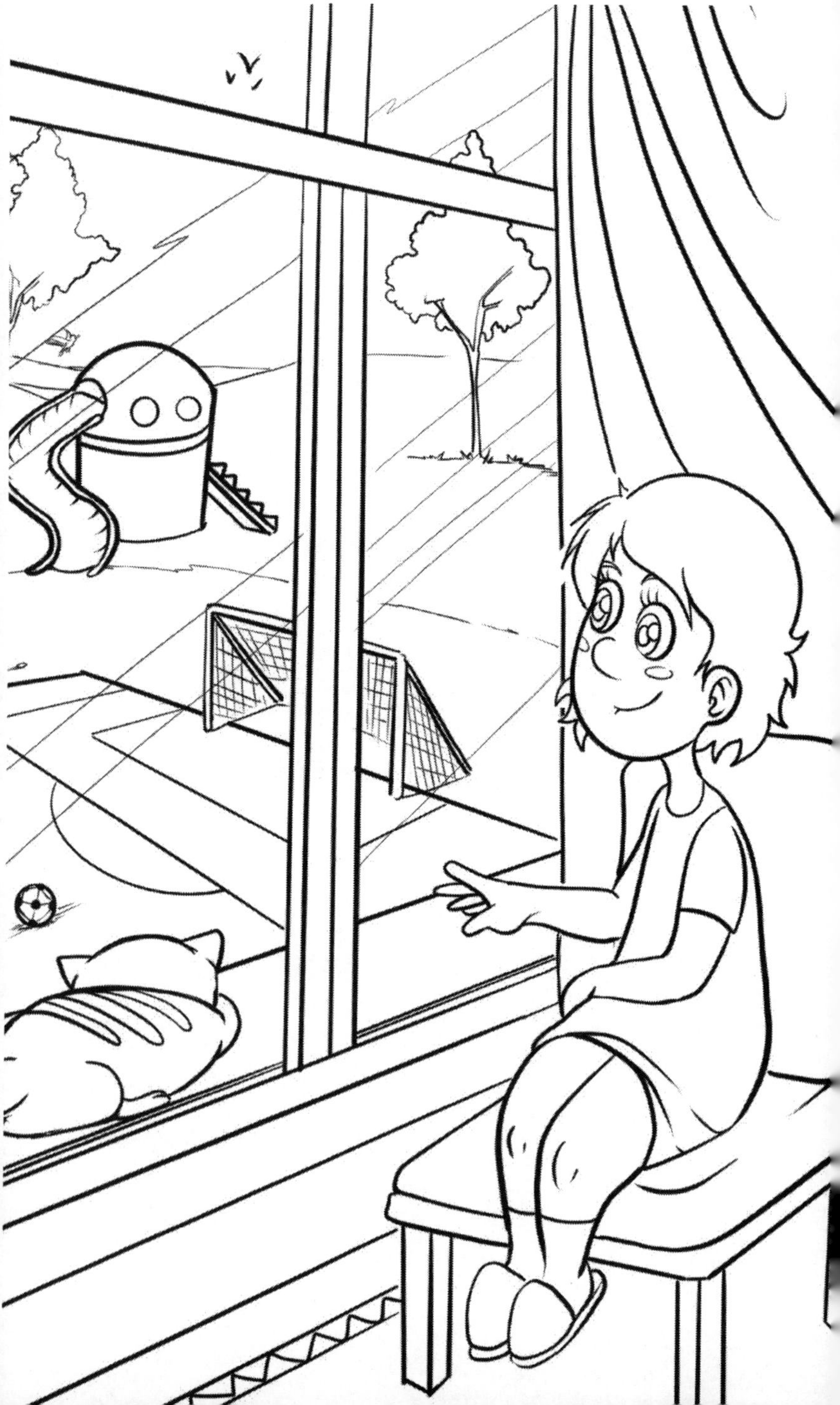

SE PUOI SOGNARLO PUOI FARLO

Era il giorno delle selezioni per la squadra di calcio a scuola, e Sara se ne stava seduta sugli spalti del campo a guardare l'allenatore che parlava con i ragazzi che si erano presentati. Il mister li sottoponeva a delle prove, apparentemente dure. Dovevano correre, poi saltare, poi correre di nuovo, e infine dovevano provare a giocare nei diversi ruoli per capire se potevano fare il portiere, o l'attaccante o il difensore. Sara scrollò le spalle: 'Potrei battere uno qualsiasi di quei ragazzi, si disse tra sé e sé. Poi si alzò e se ne tornò in classe. Fu taciturna per tutto il giorno, e continuò a fissare il cielo che si vedeva fuori della finestra. Quando tornò a casa trovò suo fratello Matteo che stava sfogliando una rivista.

'Bella Sara!", le disse con un'espressione tipica che si usava tra i ragazzi. 'Ciao', fu la risposta di Sara che gettò il proprio zaino sul letto e si lasciò cadere pesantemente su una poltrona. 'Cos'è quel muso lungo?', le chiese allora il fratello alzando lo sguardo dal giornale. Per tutta risposta Sara scrollò le spalle. Matteo posò il giornale sul tavolino e guardò sua sorella. Avevano pochi anni di differenza ma Matteo andava al liceo, mentre Sara faceva appena la prima media. Nonostante fosse ancora una bambina, era quello che si definisce un vero maschiaccio. Si arrampicava sugli alberi, giocava con gli altri bambini, prendeva in mano gli insetti e soprattutto era un fenomeno a giocare a calcio. Matteo sapeva che un giorno Sara sarebbe diventata una splendida donna, ma per il momento era un vero terremoto. Portava i capelli corti ed era magrolina, così a volte veniva addirittura scambiata per un ragazzino. Matteo conosceva il grande sogno di sua sorella, che era quello di giocare a pallone, e sapeva che a scuola c'erano state le selezioni per la nuova squadra. Tuttavia le regole in quella scuola erano chiare: nella squadra di calcio erano ammessi solo i maschi, e non esisteva una squadra femminile. Matteo buttò lì una frase sperando di far parlare sua sorella: 'Oggi c'erano le selezioni per la squadra vero?'. Sara lo guardò e per tutta risposta disse: 'Si? Ah, non me lo ricordavo. Che stai leggendo?', chiese poi al fratello per cambiare discorso. Matteo a quel punto ebbe un'idea. Prese il giornale che stava sfogliando fino a un minuto prima, lo aprì ad una certa pagina e poi lo mostrò alla sorella. 'Guarda qui', le disse indicando un articolo con una luce birichina negli occhi. Sarà diede un'occhiata al giornale e si mise a ridere: 'Perché dovrebbe interessarmi un articolo su Dumbo?', esclamò. A quel punto Matteo si fece serio e cominciò a leggere. 'Vedi, questo articolo non parla solo di Dumbo, ma anche del suo creatore. Sai chi era Walt Disney?', le chiese. 'Quello di Topolino', rispose Sara. 'Esatto', continuò Matteo. 'Vedi, Walt Disney diceva sempre una cosa, 'Se puoi sognarlo puoi farlo...'. Matteo lasciò in sospeso quelle parole aspettando una reazione di sua sorella, ma Sara non disse nulla. 'Dunque', continuò Matteo, 'Disney pensò alla storia di questo elefantino che si trova davanti a una scelta. Lui deve volare, ma non riesce proprio a farlo'. 'Certo, gli elefanti mica volano!', disse Sara ridendo. 'No, non volano, ma se pensassero di poterlo fare, che accadrebbe?'. 'Che cadrebbero a terra', fu la risposta della ragazzina. 'Però, vedi, Dumbo aveva un pregio. Aveva delle orecchie grandi, ma molto più grandi di quelle di un normale elefante. Diciamo che aveva un 'dono', qualcosa che sapeva fare meglio degli altri'. Matteo si fermò e guardò la sorella: aveva catturato la sua attenzione, così proseguì. 'Quando Dumbo si convinse di poter volare, anche se tutti dicevano che gli elefanti non possono farlo, lui volò. Ecco perché si dice che se vuoi veramente una cosa e pensi di poterla fare, allora ci riuscirai'. Detto questo Matteo si rimise a leggere il giornale, sbirciando di sottecchi la sorella che si era messa a guardare fuori della finestra con aria misteriosa. Il giorno successivo a scuola si tenevano di nuovo le selezioni per la squadra di calcio. Il mister aveva trovato un bravissimo portiere, i difensori erano stati scelti, ma mancava ancora l'attaccante di punta. Si erano presentati molti ragazzini per quel ruolo, ma nessuno di loro aveva davvero convinto l'allenatore. Quando il mister chiamò il nuovo ragazzino che si era presentato, sulle prime rimase un po' scettico. 'Come ti chiami?, gli disse. Quello, con il berretto calato sugli occhi disse: 'Sa...emh, Matteo'. 'Non ti ho mai visto prima Matteo', rispose il mister cercando di vederlo in volto. 'Sono nuovo', rispose il ragazzino. 'Va bene, vediamo che sai fare', lo incalzò l'allenatore, 'entra in campo e fai due giri insieme agli altri'. Il ragazzino misterioso cominciò a correre, distanziando gli altri e terminando i giri di corsa prima di tutti. Poi fu il turno delle flessioni, quindi degli scatti e infine di una simulazione di gioco.

Quando il mister diede l'annuncio su chi era il nuovo attaccante, scelse proprio quel ragazzino. Mentre tutti lo applaudivano, il ragazzino si tolse il cappello e svelò la sua vera identità. Si trattava di Sara. Grande fu lo stupore di tutti, ma il mister dovette ammettere che anche se Sara si era mostrata la migliore, le regole parlavano chiaro: non poteva giocare in una squadra maschile. Tuttavia rimase talmente colpito dal suo modo di giocare che propose alla scuola di istituire una squadra femminile di calcio. Sara ne fu il capitano, e sapete quale divenne il motto del team? Certo, 'se puoi sognarlo puoi farlo'.

Morale:

la morale di questo racconto è che le bambine possono fare qualunque cose, anche giocare a pallone, uno sport tipicamente maschile. Si tratta della mindfulness, e di mettere in pratica quello che diceva Walt Disney: se puoi sognarlo, puoi farlo.

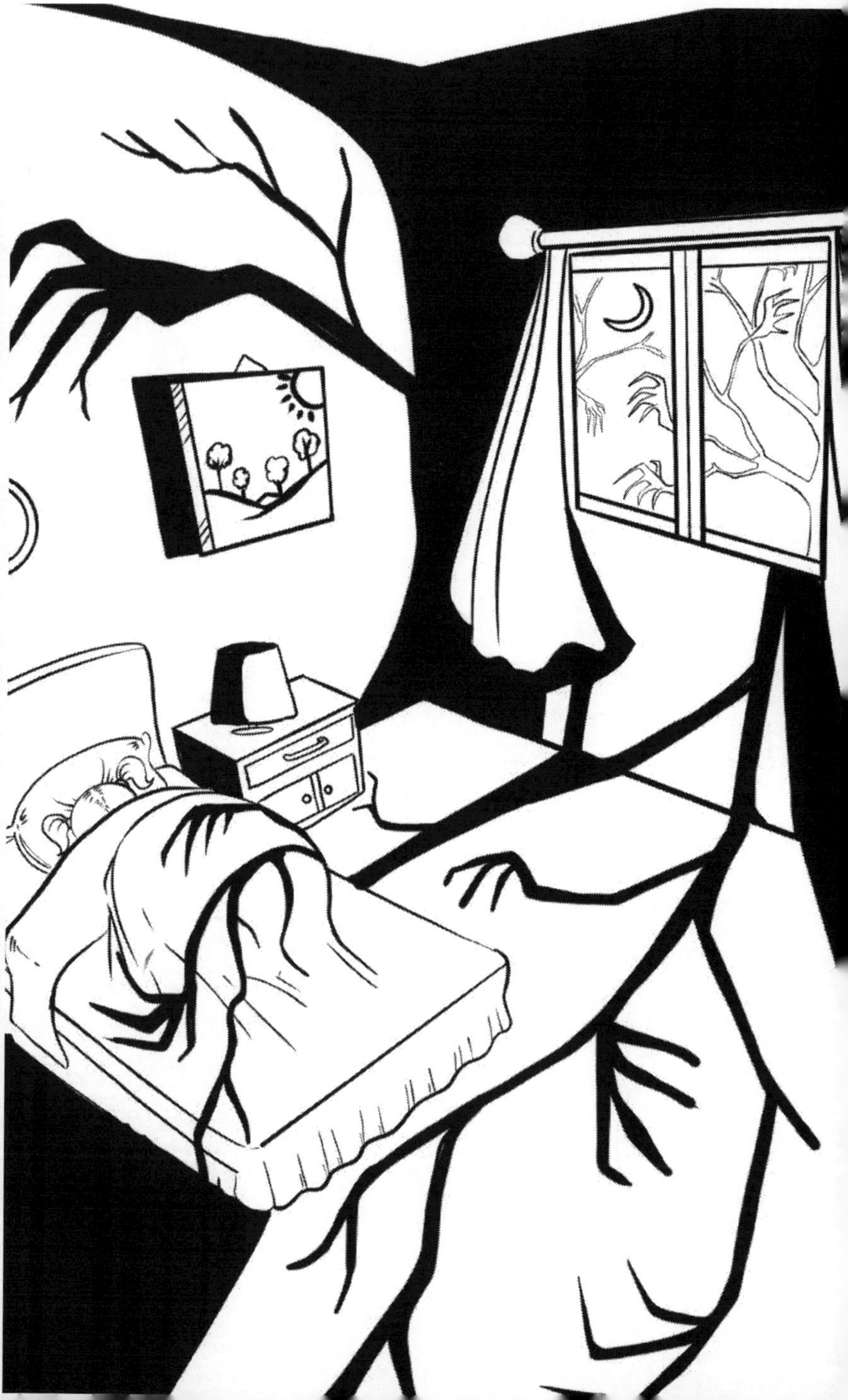

CHI HA PAURA DELL'UOMO NERO?

Il compito in classe, quel giorno a scuola, era diverso dal solito. Del resto lo era anche la nuova insegnante di italiano. La professoressa Carlotti era arrivata da poco nella 5C, ma aveva già conquistato tutti gli studenti. Il suo metodo di insegnamento era molto interessante, e in pochi giorni la classe era migliorata molto. Soprattutto, e questa era la cosa che più colpiva i genitori e gli altri docenti, i ragazzi erano sempre interessati e attenti durante le lezioni. Francesca era molto contenta di quella nuova professoressa, che spingeva i ragazzi a riflettere, prima ancora che a imparare le cose a memoria. Ad esempio, il compito in classe che avevano davanti agli occhi, sul banco, era una sfida inaspettata.

La professoressa Carlotti aveva disposto su ogni banco, prima che gli studenti entrassero in aula, dei fogli protocollo bianchi a righe. Su ogni foglio era indicato il nome dell'alunno, ciascuno corrispondente al banco giusto, e il titolo: 'La mia peggior paura'. Quando i ragazzi si erano seduti avevano cominciato a commentare, parlando tra di loro. La professoressa li guardava in silenzio, seduta alla cattedra. Dopo qualche minuto si era alzata in piedi, si era avvicinata ai banchi della prima fila, si era schiarita la voce e poi aveva cominciato a parlare: 'Buongiorno ragazzi'. La classe si era immediatamente zittita. 'Come vedete', aveva proseguito la professoressa, sul vostro banco c'è un foglio. Ora, il compito che ho in mente è un po', diciamo speciale'. Qualche ragazzo aveva preso la penna in mano accingendosi a scrivere, ma la professoressa aveva alzato una mano per farli fermare. 'No, non dovete farlo qui il compito', aveva detto, suscitando ancora più curiosità nei ragazzi. Quello che vi chiedo è di portare il foglio a casa e di fare un piccolo esperimento. Fino a domani, dovrete scrivere su questo foglio tutto quello che riguarda la vostra peggior paura. Vi faccio un esempio', continuò cominciando a camminare su e giù per la classe mentre tutte le teste, prima fra tutte quella di Francesca, la seguivano. 'Se ad esempio avete paura dei cani, dovete appuntare su questo foglio quello che pensate e che provate ogni volta che ne vedete uno. Se avete paura degli insetti, fate la stessa cosa, e così via. È chiaro per tutti?'. I ragazzi avevano annuito, anche se in realtà non sapevano esattamente cosa fare. 'State tranquilli ragazzi', aveva detto la

Carlotti quasi leggendo nelle loro menti, 'domani, quando leggeremo i compiti, sarà tutto più chiaro. Così la lezione era terminata, e i ragazzi erano tornati a casa. Francesca pensava e ripensava a quello che avrebbe potuto scrivere nel compito. C'erano diverse cose delle quali in effetti aveva timore. Aveva paura che i suoi genitori, che litigavano spesso, finissero per separarsi. Aveva paura di non essere abbastanza brava a scuola e di non essere ammessa alla facoltà di medicina. Di cosa avrebbe scritto in quel compito? Man mano che le ore passavano, il foglio bianco era ancora appoggiato sulla scrivania in camera sua. Davvero non sapeva da dove cominciare. La professoressa aveva detto che il compito andava svolto in un modo ben preciso: ogni volta che si fosse presentato un fatto spaventoso, loro avrebbero dovuto scrivere come si sentivano. 'Mah', si disse Francesca, 'qualcosa mi verrà in mente.' Quando la mamma la chiamò per la cena, Francesca si dimenticò per un paio d'ore il compito, ma dopo cena, quando tornò nella sua stanza, tornò a guardare il foglio bianco. Decise di distrarsi e accese la televisione. Fuori pioveva, e all'improvviso un rumore secco la fece sobbalzare. C'era un ramo sporgente che aveva picchiato contro il vetro. 'Che sciocca', si disse Francesca per farsi coraggio, 'era solo un ramo. Ma di notte tutto sembra più...'. Francesca si fermò, e un pensiero cominciò a girarle per la testa. Qualcosa che le faceva davvero paura in realtà c'era eccome: il buio. Di notte dormiva sempre con la lucina sul comodino accesa, e se per caso andava via la corrente, si rintanava sotto le coperte fino a che non tornava la luce. Si alzò dalla poltrona e si mise seduta alla scrivania. Prese la penna e cominciò a scrivere: 'La cosa di cui ho più paura è il buio'. Poi si fermò. Cos'altro c'era da scrivere su quella paura? Non ne aveva idea. Improvvisamente il ramo picchiò di nuovo sul vetro, e Francesca fece un salto. Istintivamente prese di nuovo la penna e continuò a scrivere: 'Il motivo per cui ho paura del buio è che le cose, di notte, non si vedono, e tutto assume un aspetto misterioso e spaventoso'. Si fermò di nuovo, continuando a ragionare su quello che aveva scritto. Ecco in effetti cosa la spaventava: il fatto di non sapere cosa ci fosse nel buio. I pensieri si rincorrevano, e Francesca non faceva quasi a tempo a star loro dietro. Non aveva mai riflettuto sul serio sulla sua paura. Ora cominciava a capire, mano mano che scriveva, che a farle paura non era tanto il buio in sé, ma la paura stessa del buio. Provò a spegnere la tv e si ritrovò al buio più scuro. Resistette, aspettandosi di sentire da un momento all'altro una mano posarlesi sulla spalla. Riaccese la luce e tornò a scrivere: 'Quello che più spaventa è non sapere cosa mi aspetta, ma ragionandoci su mi rendo conto che nel momento in cui succedono le cose, in qualche modo noi siamo preparati ad affrontarle. Per questo credo che sia la paura stessa che vada affrontata'. Continuò a scrivere per diverse ore, ore in cui capì il vero motivo dei suoi timori. E per la prima volta in vita sua, dormì con la luce spenta.

Morale:

la morale di questo racconto è che anche le peggiori paure si possono affrontare. Quello che conta è capire che è la paura stessa che va affrontata.

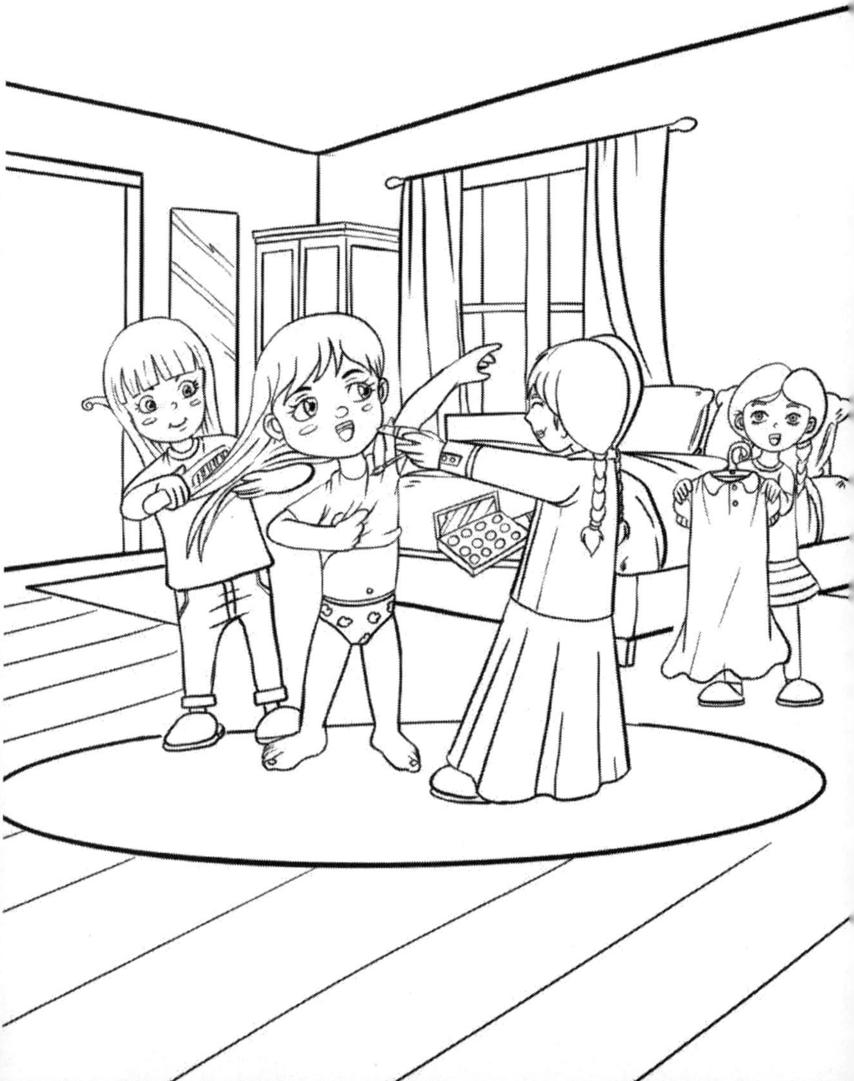

IL CLUB DELLE FATINE

Carolina era seduta sulla panchina nel giardino della scuola, e aspettava che la ricreazione finisse. Guardava le sue compagne di classe con invidia. Livia era bellissima, e tutti i ragazzi facevano la fila per corteggiarla. Susanna era un vero spasso, e le sue battute, specialmente durante le lezioni, allietavano sempre l'atmosfera. Cristina era una sportiva, con un fisico atletico e una bravura tale da averla fatta diventare il capitano della squadra di pallavolo. Poi c'era Tania, che in quanto a moda era imbattibile. Conosceva tutte le tendenze del momento, e Carolina avrebbe giurato di non averla mai vista indossare per due giorni di seguito lo stesso vestito. Sospirò. Lei non era brava in niente, non c'era nulla in cui eccellesse. Per questo stava sempre in disparte. Le sue compagne in realtà erano adorabili, perché cercavano sempre di coinvolgerla nei loro giochi e nelle loro uscite. In effetti Carolina era molto affezionata alle sue compagne, e avrebbe mai voluto trovarsi in una scuola diversa. Mentre era assorta in questi pensieri, Carolina non si era accorta che Marco, il ragazzino della 3B di cui era perdutamente innamorata, si stava avvicinando. Lo vide solo quando le fu accanto. 'Ciao', disse Marco. Carolina si guardò intorno, credendo che ci fosse qualcun'altra con la quale Marco stava parlando; c'era solo lei però. Non si era nemmeno accorta che le sue compagne di classe si erano fermate, e si stavano gustando la scena. 'Ciao', ripeté marco un po' imbarazzato. 'C-ciao', disse Carolina arrossendo. 'Volevo chiederti se, ecco, volevo chiederti se ti va di uscire con me. Sai, al cinema danno quel film appena uscito, e mi chiedevo se...'. Marco lasciò la frase a metà, aspettando una risposta di Carolina. La ragazzina non sapeva davvero cosa dire. Il silenzio si stava facendo pesante, e Marco cominciò a pensare di andarsene. Fu in quel momento che si sentì dire: 'Certo che esce a con te! A che ora la passi a prendere?'. Carolina e Marco si voltarono entrambi dalla stessa parte e videro Tania in piedi davanti a loro che sorrideva. 'Sai', aggiunse, 'la mia amica qui è un po' timida,' continuò indicando Carolina che sprofondò il viso dietro un libro, 'ma accetta molto volentieri il tuo invito. Allora, a che ora?', 'Emh, per le 4 va bene?', disse Marco non sapendo bene chi dovesse guardare. 'Benissimo!', concluse Tania prendendo Carolina per mano e portandola via con sé, lasciando Marco perplesso davanti a una panchina vuota. 'Ma che hai fatto?', disse Carolina quando si furono allontanate. 'Ma come?', le chiese Tania raggiungendo il capannello delle altre compagne, 'non sei cotta di lui da un anno?'. 'Si, ma...', rispose Carolina balbettando. 'Bene, allora è deciso'. Le altre ragazze non stavano più nella pelle e cominciarono a chiedere a Carolina cosa avrebbe indossato, che acconciatura si sarebbe fatta, come si sarebbe truccata e così via. Carolina a quel punto si nascose il viso tra le mani. 'Ragazze, ma che avete fatto! Io, io non so davvero come farò a uscire con lui. Guardatevi, voi siete tutte così carine e io...'. 'È solo perché stai sempre su quei libri', si intromise Livia, 'non hai niente di meno di nessun'altra sai?'. 'Infatti', aggiunse Cristina, ' e tutto sommato hai un bel portamento'. 'E se solo ogni tanto ridessi di più', concluse Susanna, 'saresti proprio irresistibile'. 'Ma io...', provò a obiettare Carolina. 'No no, niente ma', la zittì Tania, 'adesso tu vai di corsa a casa e ti prepari. E domani ci racconti tutto'. Carolina assunse un'espressione affranta e sospirò: 'Credo proprio che non uscirò con Marco, non so da dove cominciare. Lasciamo stare, ma grazie lo stesso'. Detto ciò, si allontanò dalle sue amiche e si diresse a casa sconsolata. Tania e le altre si guardarono. 'Ragazze, non possiamo lasciarla andare via così, non vi pare? Carolina è sempre tanto gentile con noi. Ieri ad esempio mi ha passato le risposte del quiz di informatica'. 'E a me la scorsa settimana ha insegnato come impostare tutte quelle funzioni sul telefonino', aggiunse Livia. 'Mi ha accompagnata dal dentista l'altra settimana', concluse Susanna, ' e mi ha tenuto la mano per tutto il tempo. Dobbiamo fare qualcosa per lei, siete d'accordo?. 'Certo', rispose per tutte Tania strizzando l'occhio alle sue amiche, 'direi che è il momento che il club delle fatine entri in azione!'. Un'ora più tardi il campanello di casa di Carolina suonò. Carolina sentì sua madre che andava ad aprire la porta, e dopo qualche istante le sue compagne di classe piombarono in camera sua. Tania aveva un borsone in cui si intravedevano alcuni vestiti. Susanna aveva una trousse, mentre Livia aveva portato una piastra per capelli. 'Ma che ci fate qui?', esclamò Carolina mentre sua madre guardava la scena dalla porta. 'Ecco Carolina, tu sei sempre gentile con noi. Hai sempre una parola affettuosa, ti offri sempre di aiutare, così noi abbiamo pesato che sia arrivato il momento di farti entrare ufficialmente nel club delle fatine'. 'Dove?', chiese Carolina mentre sua madre chiudeva la porta, avendo ben capito dove quelle dolci ragazze volevano arrivare. 'Nel club delle fatine, è chiaro', spiegò Livia. 'Vedi, ogni volta che una di noi ha un appuntamento, le altre si riuniscono per pettinarla, truccarla e darle consigli su come vestirsi. Ora tocca a te, dai, prepariamoci, Marco passerà tra poco!'. Immaginate lo stupore e la gioia di Carolina. Non c'è dubbio, pensò mentre le sue amiche la coccolavano, essere gentili ripaga sempre.

Morale:

la morale di questo racconto è che ciascuna di noi ha un piccolo dono, qualcosa che sa fare, e se tutti mettessimo a disposizione la nostra capacità, non avremmo bisogno davvero di nulla. Inoltre, il senso è anche quello che se facciamo sempre qualcosa di gentile per gli altri, prima o poi la gentilezza ci tornerà indietro.

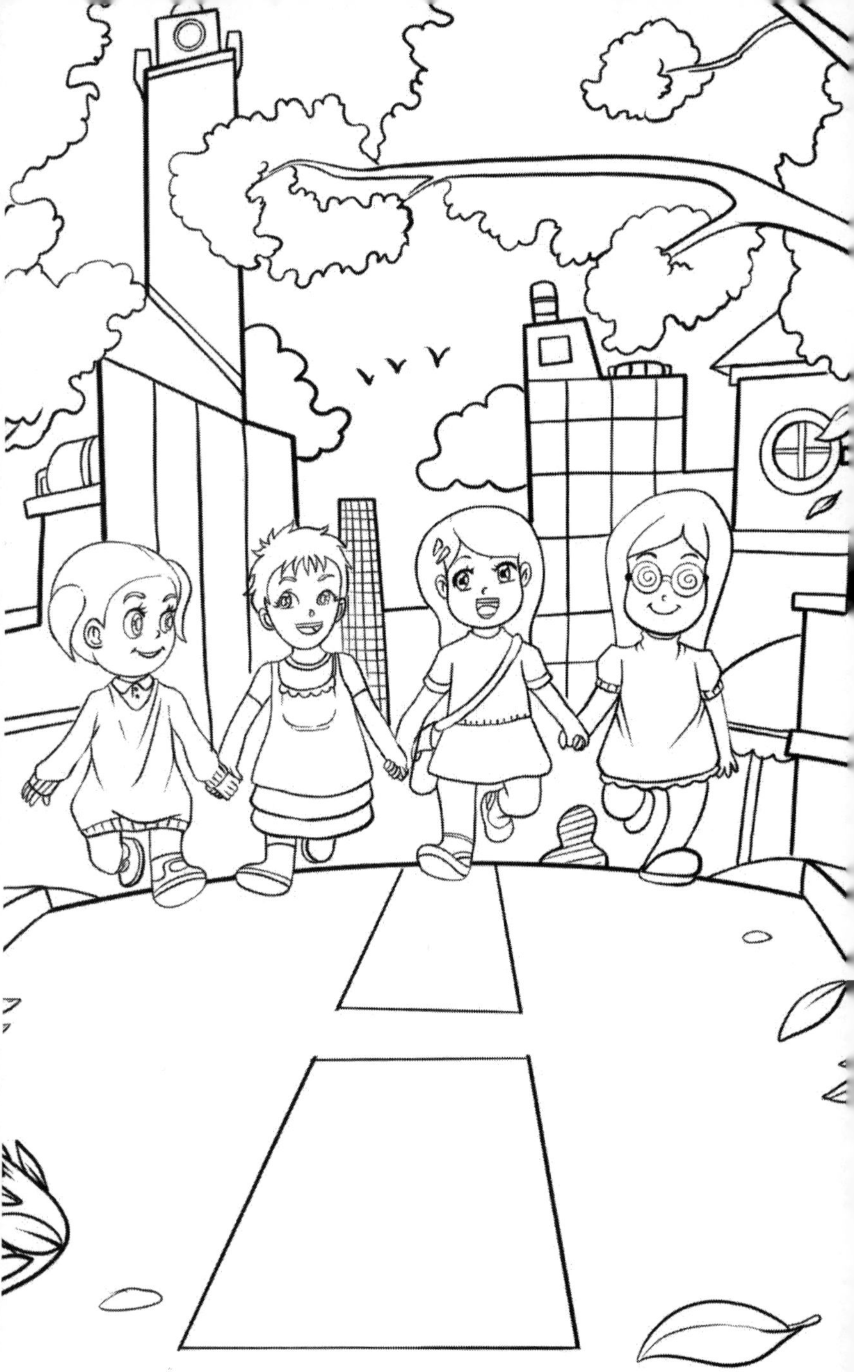

L'UNIONE FA LA FORZA

Maria era una ragazzina molto dolce e gentile. Anche troppo, le diceva sempre sua sorella maggiore Luisa. 'Ti fai sempre mettere i piedi in testa da tutti!', le diceva un po' scherzando ma in fondo cercando di parlare per il suo bene. Luisa voleva immensamente bene alla piccola Maria, ma soffriva nel vedere come molte volte non sapeva farsi valere. La sua preoccupazione maggiore poi era ben precisa. Alla fine delle vacanze estive, da lì a una settimana, Maria sarebbe passata in prima media. Aveva infatti completato le scuole elementari con successo, ma alle medie era tutta un'altra faccenda. Luisa era già al secondo anno di liceo, e le scuole medie si trovavano proprio nello stesso comprensorio. 'Meglio così', si diceva Luisa, 'così posso tenerla d'occhio'. I suoi timori in effetti non tardarono a manifestarsi. Dopo solo qualche giorno dall'inizio della nuova scuola, Maria tornò a casa con lo zaino strappato. 'Che ti è successo?', le chiese la mamma, ma Maria disse di essere semplicemente rimasta impigliata in una maniglia. Luisa non credeva a quella versione. Conosceva quella scuola, e sapeva che c'era sempre un gruppetto di ragazzi che facevano i bulli con i nuovi arrivati. Maria non sapeva difendersi, e certamente era stata presa di mira. Decise che l'avrebbe sorvegliata di più, ma senza dare nell'occhio. Se quei bulli avessero capito che Maria si faceva difendere da sua sorella, l'avrebbero presa ancora più in giro. Per qualche giorno tutto sembrò tornare alla normalità, fino a quando Maria cominciò a mangiare molto a colazione, molto più del solito. 'Come mai sei così affamata?', le chiese Luisa una mattina. Maria per tutta risposta scrollò le spalle. Luisa aveva intuito qualcosa, e così fece una piccola prova per verificare la sua ipotesi. Preparò lei il pranzo per entrambe quel giorno: due bei panini al tonno. Alla sera chiese a Maria se il panino con la 'frittata' le fosse piaciuto, e quando la sorella disse che era il panino più buono che avesse mai mangiato, Luisa ebbe la conferma. Qualcuno le rubava il pranzo. Quando poi i voti di Maria cominciarono a peggiorare, lei che era stata sempre la prima della classe, Luisa decise di dover intervenire. Non sapeva bene nemmeno lei però come fare, anche lei era solo una ragazzina. Allo stesso tempo poi non voleva che si sapesse che Maria era difesa dalla sorella maggiore, perché questo l'avrebbe messa ancora più in imbarazzo. Così decise di confidarsi con il professore Mariotti. Il professor Mariotti era stato il suo insegnante di italiano, e adesso si ritrovava ad insegnare anche a Maria. Luisa lo aveva sempre stimato molto, perché Mariotti ripeteva sempre ai suoi alunni di chiedere aiuto. Per qualunque cosa: se avevano delle difficoltà a studiare, se capitava loro qualcosa, e soprattutto se venivano minacciati da qualche bullo. Luisa si presentò nel suo ufficio al termine delle lezioni. Dopo qualche frase di circostanza, e dopo che Mariotti le ebbe chiesto come stavano i suoi genitori, l'argomento si spostò su Maria.

Mariotti si disse in effetti preoccupato dai suoi voti, ma Luisa gli spiegò che sospettava che la sorellina fosse stata presa di mira da un gruppo di bulli. 'Non so cosa fare professore', si lamentò Luisa, 'voglio aiutarla ma senza che lei lo sappia. Non voglio che perda del tutto la fiducia in se stessa, ma allo stesso tempo non voglio nemmeno che le capiti qualcosa di male'. Mariotti ci pensò per qualche istante, poi le suggerì di fare una cosa. 'Ecco cosa devi fare', cominciò, 'chiedi aiuto alle tue compagne di classe. Ogni volta che vedete Maria presa di mira da un bullo, scattate una fotografia con il telefono, o girate un piccolo video. Tra qualche giorno poi, portatemi tutto. Luisa, fidandosi delle parole del suo vecchio professore, seguì il suo consiglio. Convocò tutte le sue compagne di classe e spiegò loro sia la situazione sia quello che Mariotti aveva suggerito di fare. 'Io ci st', si propose subito Chiara, 'ricordo di essere stata presa di mira anche io quando sono arrivata'. 'Anche io ci sto', le fece eco Sara, 'l'anno prossimo anche la mia sorellina comincerà a frequentare questa scuola, e non voglio che si trovi in difficoltà'. 'Bene', concluse Luisa, 'allora è deciso'. Le ragazze, come dei veri angeli custodi, cominciarono a sorvegliare Maria di nascosto. In effetti c'era un gruppo di bulli che l'aveva presa di mira. Ogni volta che le rubavano la merenda, una delle ragazze scattava una foto. Ogni volta che un bullo le dava una spinta, qualcuna era pronta a filmare. Luisa doveva farsi molta forza per non intervenire: non sopportava di vedere sua sorella trattata in quel modo, ma il professor Mariotti era in gamba, e lei si fidava del suo giudizio. Dopo circa un mese, Luisa portò tutto il materiale che avevano raccolto lei e le sue amiche al professore. Quando ebbe finito di visionarlo, disse: 'Sai che queste cose sono un reato?. Luisa annuì. 'Ma quello che i bulli non sanno, è che sono i loro genitori a rispondere di queste cose. Quindi...', aggiunse con una lucina negli occhi 'credo che presto i genitori di questi ragazzini riceveranno un pacco'. Così fu. Nei giorni seguenti i genitori di quei bulli furono avvisati, prove alla mano, del comportamento dei propri figli. Molte furono le sgridate e le punizioni che fioccarono, e Maria, benché non si spiegò mai da cosa fosse dipeso, smise di essere perseguitata.

Morale:

La morale di questo racconto è quella che tutti uniti si può sconfiggere qualunque cosa, e che se si è coraggiosi e si presta il proprio aiuto, i soprusi e le angherie potrebbe smettere di esistere. Insegna anche la fiducia negli adulti.

Epilogo

Spero che le storie vi siano piaciute e che possiate prendere alcune cose per voi. Forse vi avete riconosciuto in una o nell'altra storia?

È importante capire, che tutti noi abbiamo coraggiosi e che è normale avere dei dubbi. Sbagliare non è una cosa negativa, al contrario, dimostra la forza se permetti e mostri i tuoi sentimenti.

Se vi sono piaciute le foto, ho buone notizie per voi: Potete scaricare tramite QR-Coder e stamparli.

Oppure inserite il seguente URL nel vostro browser e scaricateli:

https://bit.ly/3nuzK18

Divertitevi a colorare!

Spero che il libro vi sia piaciuto e che avete riso molto :)

A proposito, te ne sarei molto grato, se poteste prendervi un minute per darci feedback su Amazon.it

Le recensioni sono molto importanti per noi autori freelance, perché solo così possiamo diventare ancora più bravi. Quindi, per favore, prendetevi il minuto e scrivete una recensione onesta come vi è piaciuto questo libro!

Esclusione di responsabilità

L'implementazione di tutte le informazioni, istruzioni e strategie contenute in questo libro è a vostro rischio e pericolo. L'autore non si assume alcuna responsabilità per danni di qualsiasi tipo per qualsiasi motivo legale. Sono escluse, in linea di principio, le rivendicazioni di responsabilità nei confronti dell'autore per danni materiali o morali causati dall'utilizzo o dal mancato utilizzo delle informazioni o dall'utilizzo di informazioni errate e/o incomplete. Sono pertanto escluse anche le richieste di risarcimento danni e di indennizzo. Questo lavoro è stato compilato e scritto con la massima cura e al meglio delle nostre conoscenze e convinzioni. Tuttavia, l'autore non si assume alcuna responsabilità per l'attualità, la completezza e la qualità delle informazioni. Errori di stampa e disinformazione non possono essere completamente esclusi. Nessuna responsabilità legale o responsabilità di qualsiasi tipo può essere assunta per informazioni errate fornite dall'autore.

Diritto d'autore

Tutti i contenuti di quest'opera, così come le informazioni, le strategie e i suggerimenti sono protetti dal diritto d'autore. Tutti i diritti sono riservati. Qualsiasi ristampa o riproduzione - anche parziale - in qualsiasi forma, come fotocopie o processi simili, salvataggio, elaborazione, copia e distribuzione con sistemi elettronici di qualsiasi tipo (in tutto o in parte) è severamente vietata senza l'espressa autorizzazione scritta dell'autore. Tutti i diritti di traduzione sono riservati. Il contenuto non può in nessun caso essere pubblicato. L'autore si riserva il diritto di intraprendere azioni legali in caso di inosservanza.

Impressum:
© Matilde Bellavanti 2021
1. Edizione. Tutti i diritti riservati. La ristampa, anche in estratti, non è consentita. Nessuna parte di quest'opera può essere riprodotta, duplicata o distribuita in qualsiasi forma senza il permesso scritto dell'autore. Contatto: Gamper Christoph/Villenerweg 3/8/ 39011 Lana/Italien/E-mail: gamper.amz@gmail.com

Printed by Amazon Italia Logistica S.r.l.
Torrazza Piemonte (TO), Italy